LA FRANCE

ET LA

Conférence de Berlin

Par Edouard VIARD

Auteur du livre intitulé : AU BAS-NIGER

*Ouvrage adopté par le Ministère de la Guerre pour les
Bibliothèques de Garnison*

PRIX : UN FRANC.

PARIS

CHARLES BAYLE, ÉDITEUR

16, rue de l'Abbaye, 16

LA FRANCE

ET LA

CONFÉRENCE DE BERLIN

LA FRANCE

ET LA

Conférence de Berlin

Par Edouard VIARD

Auteur du livre intitulé : AU BAS-NIGER

Ouvrage adopté par le Ministère de la Guerre pour les Bibliothèques de Garnison

---

PRIX : UN FRANC.

PARIS

CHARLES BAYLE, ÉDITEUR

16, rue de l'Abbaye, 16

1886

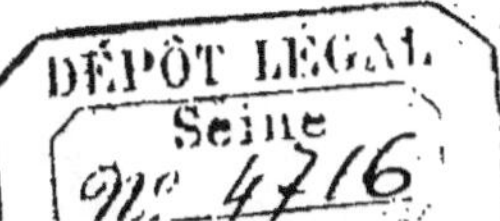

LA FRANCE

ET LA

CONFÉRENCE DE BERLIN

PAR

Edouard VIARD

Cette brochure sera peu lue, nous le savons.

Son titre n'a pas ce flamboiement qui attire le lecteur ou éveille sa curiosité.

La conférence de Berlin, qu'est-ce cela? se demanderont les uns, et, par indifférence ou ignorance de la question, ils n'ouvriront même pas cet écrit; les autres, ceux qui connaissent un peu, diront : — Ah! oui, nous savons, c'est cette assemblée européenne qui s'est réunie en Allemagne à propos du Congo — et cette simple réminiscence leur suffira pour se croire renseignés, et, dédaigneusement, ils jetteront ces quelques pages dans un coin. Mais ceux qui savent, ceux qui suivent avec cœur la marche de la politique française, ceux qui ont l'intuition des véritables destinées de la France, ceux-là les liront, car ils se sont déjà rendu compte que la farce sinistre qui a pour titre « La Conférence du Congo », jouée à Berlin en 1884, sous la direction du prince de Bismarck, a porté à notre patrie un plus rude coup que ne l'eût fait une guerre.

Celle de 1870 nous a fait perdre deux provinces : l'assemblée de Berlin nous ravit la moitié d'un continent.

Et de quel continent ? de celui que la France avait sous la main, celui que le hasard lui avait donné depuis déjà un demi-siècle, celui que dans une confiance aveugle elle considérait tellement comme sa propriété, qu'elle ne s'en préoccupait même pas : l'Afrique nord, enfin, qui eût pu lui appartenir de la Méditerranée jusqu'au delà du Soudan si, au lieu de l'aberration qui la poussait à aller chercher au loin ce qu'elle avait à ses portes, elle eût eu la sagesse de tourner ses efforts de ce côté.

Un officier français, ému de l'oubli inexplicable dans lequel on laissait cette magnifique terre africaine, écrivait en 1883 :

« Et dire que par le fait d'un hasard qui date de cin-
« quante années, nous avons de l'autre côté du fossé médi-
« terranéen une France nouvelle, que son étendue protège
« contre l'invasion, que sa proximité met à portée d'une
« défense certaine,

« En présence de cette fortune inespérée, — presque
« imméritée — nous nous en allons vagabonder de par le
« monde, alors que nous pourrions tout simplement construire
« la ruche dans notre voisinage ; c'est absurde — c'est plus
« que cela, c'est humiliant pour l'intelligence nationale. »

Si encore la politique française n'était coupable que d'indifférence !

Qu'elle ait négligé, pendant de longues années, de faire les efforts nécessaires pour s'assurer l'immense avenir que lui offrait la partie nord du continent africain, soit ; du moins, elle eût dû exiger qu'elle restât intacte, que personne n'y touchât ; loin d'avoir eu cet élémentaire bon sens, elle s'est associée, l'étourdie, à son pire ennemi pour le dépècement de ce tout qui était appelé à être son bien ! Car c'est la France, de concert avec l'Allemagne, qui a provoqué cette Conférence de Berlin, de laquelle tous les autres Etats d'Europe allaient sortir avec des avantages... à l'exception de notre nation.

Pour bien faire comprendre en quoi nous a été funeste la Conférence de Berlin, comparons la situation que nous occupions en Afrique, avant cette Conférence, avec celle que les décisions de cette assemblée nous y ont faite.

Ce continent, avant qu'il fût question d'elle, n'était sérieusement attaqué que par deux puissances : La France et l'Angleterre.

Dans sa partie nord, la France, par ses colonies de l'Algérie et du Sénégal y occupait le premier rang. Une poussée sérieuse en avant des deux côtés, et Alger et St-Louis se reliaient à travers les terres, et la France se trouvait maîtresse de tout le nord-ouest de l'Afrique (Soudan occidental et central compris), depuis la Méditerranée jusqu'à près de l'équateur.

Si, jusqu'en 1884, nous n'avions pas fait cette poussée avec la vigueur qu'il eût fallu pour en finir une bonne fois et réaliser d'un coup la jonction de nos deux colonies, du moins, notre marche, lente il est vrai, mais incessante vers l'intérieur, tant par l'Algérie que par le Sénégal, démontrait manifestement que tel était notre objectif. Ce qui le démontrait encore, c'étaient les voyages de nos explorateurs à travers le Sahara pour l'étude du pays et la recherche d'un itinéraire, nos projets d'un transaharien avec Tombouctou comme station extrème et nos efforts accomplis en Sénégambie pour atteindre le Niger par un chemin de fer qui eût relié Kaye à Bamakou.

Les visées de la France, sur cette partie de l'Afrique, se dessinaient donc très nettement et notre désir d'englober les contrées qui séparaient nos deux colonies africaines, pour en former un immense tout, ne faisait aucun doute.

La réalisation d'un tel programme, en donnant à notre nation un territoire six fois grand comme le sien et une population de trente millions d'hommes, eût créé un marché tout prêt pour son commerce, et de plus, elle eût mis entre nos mains de formidables éléments de guerre qu'à un moment donné nous eussions pu jeter sur les champs de bataille européens.

Pourquoi ce programme, qui était celui que la politique française eût dû suivre, qui eût créé une grande France Africaine faisant suite à la France Métropolitaine, qui eût étendu les limites de celle-ci de Dunkerque jusqu'à près de l'Equateur, avec une population totale de près de 80 millions d'hommes, ne fut-il pas ardemment suivi et laissâmes-nous si longtemps en suspens sa réalisation ?

Parce que la France, au lieu de se tourner résolument vers l'Afrique où était cependant sa véritable destinée, aima mieux courir de par le globe, éparpillant ses forces terrestres et navales et cela sans profit durable pour sa puissance, ses colonies asiatiques pouvant lui échapper dès que s'ébranlerait la Chine, et sans grands avantages pour son commerce, *des mains étrangères seules*, ayant su jusqu'ici, hélas ! tirer parti de ce que gagnent ses soldats.

Cette conquête de l'Afrique nord, qui, depuis cinquante années s'offrait à nous, ne nous eût pas imposé de plus grands sacrifices en hommes et en argent, moindres, peut-être, que ceux faits ailleurs, pour obtenir des résultats inférieurs à ceux qu'elle nous eut donnés, et certainement moins utiles à notre patrie.

Quoiqu'il en soit de notre plus ou moins de hâte à réaliser les espérances que nous offrait l'Afrique Nord, il n'en est pas moins vrai que la situation que nous occupions sur cette portion du continent africain était unique, jusqu'au jour où s'ouvrit la conférence de Berlin.

Dans la partie Sud de ce continent, non moins heureuse, était notre place.

Une expédition Française, dirigée par M. de Brazza, venait d'enrichir notre pays d'une immense contrée.

Cette conquête, faite pacifiquement, qui augmentait grandement le territoire de notre colonie du Gabon, avait encore cette autre conséquence précieuse, qu'elle rendait la France maîtresse du Congo moyen, c'est-à-dire de toute l'Afrique équatoriale, admirable porte par laquelle passeront un jour toutes les richesses du centre.

Au Nord comme au Sud, à l'exception de l'Egypte et de la colonie du Cap, notre nation avait donc une situation prépondérante sur la terre africaine : Maîtresse, par ses possessions territoriales, d'une partie des deux grands fleuves africains, le Niger et le Congo, elle pouvait envisager l'avenir sans crainte, de longtemps braver la décrépitude et attendre, dans cette situation merveilleuse qui lui assurait les meilleures places, le jour où l'Afrique déverserait ses richesses sur le continent d'Europe.

Par quelle aberration avons-nous laissé compromettre la brillante destinée que nous offrait l'Afrique ; ou plutôt, quelles sont les machinations politiques qui ont produit ce résultat ?

La Conférence de Berlin a lieu ; tout change.

De première nation occupante qu'était la nôtre, sur le sol d'Afrique, nous voici aujourd'hui, par le fait de cette assemblée, relégués à un rang secondaire.

Quelles ont été les causes d'un si subit et inattendu changement ? ou mieux, ces changements, étant les conséquences de la Conférence de Berlin, quelles sont les raisons qui ont motivé la réunion de cette Conférence ?

Faut-il les chercher dans les démêlés qui survinrent à la suite des voyages de MM. de Brazza et Stanley, comme on l'a fait croire ?

Allons donc ! Ces démêlés furent le prétexte dont on se servit pour réunir cette assemblée, ils ne furent pas la cause réelle de sa réunion.

Les évènements à la suite desquels fut convoqué cet aréopage furent soulevés avec intention et de parti pris : dans quel but ? Nous le verrons plus loin ; toujours est-il que ce qui justifia en apparence cette mesure, ce furent les difficultés réelles ou feintes qui survinrent, lorsqu'il s'agit de délimiter les territoires acquis par les deux voyageurs cités plus haut, au cours de leurs pérégrinations à travers l'Afrique.

L'attaque vint du côté du voyageur américain, rival de M. de Brazza et agent d'une société africaine, qui, sous l'empire de mobiles inqualifiables, nia la légitimité des conquêtes de notre compatriote. Cette malveillante accusation n'ayant pas eu grand écho chez nous et cela ne faisant pas l'affaire de ceux qui avaient intérêt à ce que les débats prissent une vilaine tournure, la première accusation se répéta, accompagnée alors de diffamation ; cette fois, nous ripostâmes, ce qui amena d'autres incidents ; puis de nouvelles complications étendirent la querelle, des prétentions peu loyales se firent jour tout à coup; un moment, nous eûmes l'Angleterre, le Portugal, la Belgique, l'Allemagne (la presse) après nous ; bref on fit tant et si bien et les choses furent poussées à un état si aigu, que la nécessité de les soumettre à un arbitrage européen s'imposa. C'est ce qu'on voulait.

A l'instigation d'une haute personnalité prussienne, le prince de Bismarck, qui sut, ce qui fut le comble de l'adresse, nous faire prendre, à nous que l'on allait dépouiller, le rôle d'inviteur, l'Europe fut convoquée en tribunal international qui prit le nom de Conférence de Berlin. (1)

Alors il se passa des choses inouïes.

Cette assemblée, réunie pour statuer sur des différends particuliers, dont la plupart des Etats la composant n'avaient aucun intérêt sur la terre africaine, vers laquelle leur diplomatie ne s'était jamais tournée, (est-ce que nous pensons à la Sibérie, nous ?) commença son œuvre par des dispositions d'ensemble qui dénoncèrent clairement ses désirs de se préoccuper beaucoup plus de ce qu'elle pourrait prendre sur ce continent, que des questions qui allaient être soumises à son jugement.

En effet, dès le début de ses travaux elle dépéça, déchiqueta la terre africaine, mit l'embargo sur les grands fleuves africains, le Niger et le Congo, sur les rivières et cours d'eau attenant à ces fleuves, ainsi que sur les terres riveraines de ces voies fluviales.

Ces grandes lignes tracées, elle détermina de vastes espaces qu'elle qualifia de zônes libres, réglementa les conquêtes futures, pour se réserver le droit de ne pas les reconnaître, s'attribua de considérables avantages commerciaux et de navigation sur les contrées qu'elle venait de déterminer et couronna ses délibérations par l'adoption de mesures et règlements, tels que nous sortions de cette assemblée absolument dépouillés et sérieusement menacés dans nos espérances africaines.

(1) La Conférence s'ouvrit le 3 novembre 1884.

Et notre délégué laissa tout faire !

Ce fut si vite fait, il est vrai !

En quelques séances, l'assemblée de Berlin annihila ce que près de cinquante années d'efforts et de grands sacrifices en hommes et en argent nous permettaient d'espérer tant du Sénégal que de l'Algérie et ce que depuis dix ans, au prix de grandes fatigues et d'une persévérance remarquable, M. de Brazza et ses collaborateurs avaient acquis du côté du Congo.

Ce qu'il y eut de typique dans cette assemblée de Berlin, c'est qu'au fur et à mesure que les Etats la composant rognaient notre part et s'ingéniaient pour nous reprendre en détail, ce dont ils n'avaient pu nous dépouiller, ils s'accordaient, par contre, de vastes possessions sur la terre africaine, se composant ainsi, ou l'accroissant, un domaine colonial sur lequel l'un d'eux, au moins, se propose d'établir des prohibitions que l'on ne nous permit pas d'appliquer sur les territoires nous appartenant. (1)

C'est ainsi que l'Allémagne s'attribua, en toute propriété et par anticipation, sur le noir continent une région s'étendant, sur la côte-ouest, du Cameroon presqu'au Gabon, et dans l'intérieur, jusqu'à 12° de longitude est du méridien de Paris.

L'Angleterre, toujours prête quand il s'agit d'accaparer quelque chose, revendiqua à la Conférence, comme sa propriété, les bouches du Niger, sous le prétexte que quelques-uns de ses nationaux y étaient établis.

La Conférence fit la sourde oreille et ne les lui donna pas, il est vrai; mais quelque temps après la Grande-Bretagne s'en emparait ce qui revint au même pour nous.

Nos droits à un protectorat sur ces contrées, étaient égaux à ceux de la nation Britannique, et si un protectorat devait s'établir, il devait être collectif ou ne pas exister; c'est ce que nous nous permîmes d'exposer en temps utile, en signalant les dangers qui pouvaient résulter pour les intérêts

____

(1) L'Etat belge se propose de frapper à leur sortie les produits de ses territoires à destination d'Europe.

Français de cet accaparement de l'embouchure du Niger par l'Angleterre... Ce fut peine perdue. (1)

La Société africaine à laquelle appartenait le voyageur qui lança les premières attaques d'où résulta la Conférence, société qui avait à sa tête le roi des Belges, demanda modestement que les territoires qu'elle avait en Afrique fussent érigés en royaume, demande qui fut accueillie (2); ce qui fait qu'au centre de l'Afrique notre voisin Léopold II a sous son sceptre un Etat grand comme l'Europe, mais situé d'une si bizarre façon qu'en l'état actuel des voies de communication de son royaume ce souverain, aurait-il des milliers de tonnes d'huile ou de caoutchouc à expédier sur les marchés d'Europe, loin de gagner sur un pareil stock, serait obligé d'ajouter à leur prix de vente pour payer les frais d'expédition.

De tout ceci il résulte que notre situation actuelle sur la terre Africaine est la suivante :

Dans le Sud, la partie du fleuve Congo longeant notre colonie de l'Ouest-Africain qui, en droit, eût dû nous appartenir, est tombée dans le domaine général;

Cette colonie elle-même a été scindée en deux fractions : l'une composée de l'ancien Gabon ; l'autre, formée des territoires du bassin du Quillou-Niari.

Dans la première, nous restons maîtres de faire ce qu'il nous plaira; dans la seconde, les droits que nous y avons se résument à ceux-ci : 1° Construire de belles routes pour que l'Allemand et l'Anglais y commercent avec facilité; 2° Entretenir une police pour la protection de leurs biens et de leurs personnes; 3° Faire des promenades, des squares et

____

(1) Voir le livre, « *Au bas Niger* » faisant connaître la situation que le commerce français occupait à l'embouchure du Niger lors de la Conférence ainsi que nos droits sur cette contrée (*Dépôt Charles BAYLE, éditeur, rue de l'Abbaye*, 16, *Paris*.).

(2) Le 5 février 1885, fût passé à Paris, entre la France et la Société africaine, un contrat relatif aux frontières respectives de leurs conquêtes. — Par cet acte, la Société africaine abandonnait en faveur de la France, ses prétentions sur le Quillou-Niari et lui cédait les stations qu'elle y avait créées. Par contre, la France reconnaissait le drapeau de la Société comme celui d'un Etat indépendant et s'engageait à rembourser au nouvel Etat, la valeur des stations qu'il venait de lui céder. Ce royaume prit le titre de « Etat Libre du Congo » et la souveraineté en fut offerte au roi de Belgique (vote de la Chambre des représentants de Belgique du 15 avril 1885.).

autres travaux d'agrément, afin que ces messieurs s'y plaisent et s'y récréent.

Quant aux profits que nous serions en droit d'espérer de la présence de ces gens sur cette terre française, conquise par nos compatriotes au prix de fatigues inouïes; voici, à ce sujet, ce qu'a décidé la Conférence :

« Les contrées du Quillou-Niari seront ouvertes à tous sans distinction de nationalité, avec les mêmes droits pour tous.

(C'est sans doute pour faciliter au roi Belge-africain l'écoulement de ses bananes et cocos et diminuer ses frais généraux, que la Conférence nous a imposé de laisser ouvertes à tous et gratuitement, sans distinction de nationalité, les contrées nous appartenant du Quillou-Niari, route la moins onéreuse du Congo à la côte ?)

» Aucune concession, ni monopole, ni avantages commerciaux, ne pourront être accordés à nos nationaux.

« Les marchandises de toutes provenances ne seront soumises à aucun droit, à aucune perception de douanes. La même franchise est applicable aux produits qui sortiront de ces contrées.

» Ce droit de franchise aura une durée de vingt années à partir de l'acte final de la Conférence (1). Ces vingt années écoulées, les Etats signataires décideront s'il y a lieu de le maintenir ou de l'abroger. »

Jusqu'en 1905, nous n'avons donc pas trop à nous préoccuper, pour l'établissement de nos budgets coloniaux, des recettes des douanes de cette colonie, et l'aléa qu'a laissé entrevoir la décision de la Conférence fait supposer que nous ferions mieux, dès maintenant, de les passer définitivement par profits et pertes, dans notre comptabilité publique.

Ces dispositions promettent à M. de Brazza, d'avoir en l'Ouest-Africain une belle colonie d'Allemands et d'Anglais; déjà au Gabon, ce sont des maisons de Hambourg et de Liverpool qui en accaparent tout le commerce !

____

(1) Cet acte porte la date du 26 février 1885.

Quant au patrimoine que nous avions entre les mains, dans la partie Nord de l'Afrique et qui du Nord au Sud, eut pu s'étendre d'un seul tenant, par la jonction de l'Algérie et du Sénégal, de la Méditerranée au delà du Soudan, et de l'Ouest à l'Est, de la Sénégambie au lac Tchad, voici actuellement sa situation :

L'Allemand nous y menace par le Maroc ; l'Italien, par la Tripolitaine ; et l'Anglais, envahissant en ce moment le Soudan central par le Bas-Niger, nous ferme définitivement la route du Sud.

Quand l'homme d'Albion, déjà à Sokoto (1), aura atteint Tombouctou, ce qui ne tardera pas, quand il sera sur les bords de la région Saharienne, quand il se sera placé entre les deux terres Françaises que nous pouvions réunir, ne pensons plus alors à la superbe extension que pouvait prendre la France sur la terre Africaine.

Pour rendre à jamais impossible la jonction entre notre Sénégal et notre Algérie, pour disloquer le grand tout qui nous attendait, l'Anglo-Saxon n'aura qu'à étendre les bras ; l'un, vers l'Ouest, pour acculer la France dans son Sénégal ; l'autre, vers le Nord, par dessus le grand désert, pour l'enfermer dans son Algérie et, de l'immense domaine que notre nation pouvait avoir, il ne lui restera que deux tronçons lointains : Alger et St-Louis !

C'était bien la peine d'avoir dépensé tant de millions, fait immoler tant d'hommes, depuis trente ans du côté du Sénégal, depuis cinquante, du côté de l'Algérie et cela, pour s'assurer les riches contrées du Soudan, pour qu'un jour l'Anglais, par un simple coup de force de sa part, vînt nous ravir, vînt annuler les fruits de tant de sacrifices !

Après la mutilation de la France métropolitaine par l'allemand, nous allons assister à la mutilation de la France africaine par l'Anglais !

Et nous laissons encore faire !

---

(1) Peu après la Conférence, l'Angleterre s'empara des bouches du Niger ; depuis, par de nouveaux empiétements elle s'est emparée des Etats du Nupé et de Sokoto, ainsi que des territoires riverains du Niger sur une profondeur de 30 milles tout le long des rives.

RESUME

Au début de cette brochure, nous avons dit que la Conférence de Berlin nous avait été plus funeste que ne l'aurait été une guerre. Nous avons essayé de le démontrer : achevons notre pensée.

Jusqu'au jour où eut lieu cette Conférence, l'Afrique Nord, tout en étant le but de bien des convoitises, n'avait pas encore été l'objet d'attaques sérieuses, de la part des nations de l'Europe, l'Angleterre exceptée, lesquelles, pour la plupart, n'attendaient rien de ce continent. Néanmoins, la situation privilégiée que nous nous y étions faite inspirait de secrètes jalousies, très accentuées chez certaines nations et n'attendant que l'occasion propice pour se manifester.

Par ce temps de crise économique, où les peuples d'Europe étouffent sur leur sol, où leurs moyens de production ont tellement augmenté en puissance qu'ils ne peuvent arriver à établir l'équilibre entre ce qu'ils consomment et ce qu'ils produisent, où tous sont à la recherche de débouchés nouveaux, on ne voyait pas, sans une grande jalousie, la place considérable que nous occupions sur cette terre vierge regorgeant de richesses, peuplée de 200 millions d'hommes, place qui nous rendait maîtres des immenses marchés futurs de ce continent.

Les voyages de M. de Brazza, en augmentant encore le domaine que nous possédions sur cette terre, en donnant à notre nation la propriété de la partie moyenne du Congo, à nous, qui déjà, possédions à peu près les contrées du haut-Niger, fournirent l'occasion attendue.

Individuellement, aucun État n'aurait osé nous disputer nos conquêtes africaines ; ils se mirent treize pour le faire.

Nous avons fait connaître l'origine de l'assemblée de Berlin, la marche qu'elle donna à ses travaux, la tournure que prirent ses décisions ; hé bien ! pour tout esprit perspicace, ne ressort-il pas de cet ensemble de faits la preuve évidente, que ce fut le grand désir de nous déposséder, d'annihiler les résultats que nous étions en droit d'attendre de nos sacrifices sur cette terre afin de prendre pied, à leur tour, sur ce continent, ou d'augmenter ce qu'ils y possédaient déjà qui, seul, guida les Etats représentés à la conférence?

Ce qui prouve que le désir d'acquérir sur cette terre fut le seul mobile auquel obéit le tribunal de Berlin, c'est que pas un seul membre de cette assemblée ne quitta la capitale de la Prusse sans emporter pour sa nation un privilège ou des avantages, sur ce continent.

Nous seuls en sortîmes amoindris.

Car enfin, avant la Conférence, ne possédions-nous pas l'Algérie, le Sénégal, le Gabon? et dans des conditions de développement que nous étions les seuls maîtres de limiter?

Est-ce qu'avant la Conférence de Berlin, les fleuves et les rivières d'Afrique, ainsi que les terrains riverains étaient sous séquestre?

Est-ce que l'Afrique, avant cette Conférence, était divisée en zônes libres, en zônes qui ne l'étaient pas, et était-on astreint à faire sanctionner ses conquêtes pour qu'elles fussent valables?

Que nous a-t-elle donc donné de neuf, en somme, cette Conférence, qui a porté un si grand préjudice aux espérances françaises sur le continent Africain? sur lequel, les nations qui la composaient, se sont fait, sans bourse délier, et sans y avoir perdu un homme, une si superbe place?

Les contrées du Quillou-Niari; pas plus. Et encore ces contrées, par les avantages que les États signataires de l'assemblée de Berlin s'y sont réservés, par certains droits de juridiction qu'ils y conservent *nous causeront peut-être, dans l'avenir, plus d'ennuis que de profits.*

En retour de la consécration que cette assemblée a donnée aux travaux de M. de Brazza, — consécration dont nous pouvions nous passer, — les voyages de notre compatriote n'avaient-ils pas la priorité sur ceux de M. Stanley? que se sont-ils accordé, les États de cette assemblée?

A part les avantages et priviléges dont tous se sont gratifiés, quelques-uns en particulier se sont créé une situation inespérée sur le sol africain.

L'Allemagne, nous l'avons vu plus haut, qui ne possédait pas un pouce de terrain en Afrique avant la Conférence, y est maitresse maintenant d'une vaste région et elle marche à si grands pas sur ce continent qu'elle y occupera bientôt une place prépondérante, si on ne l'arrête.

L'Angleterre s'y prépare, à notre détriment, des Indes africaines, qui la dédommageront de la perte de ses Indes asiatiques, le jour où la Russie lui prendra celles-ci.

La Belgique s'y trouve à la tête d'un royaume si grand, que nous doutons fort qu'elle vienne à bout, non de le gouverner, mais même de le connaître en entier. Du reste, cela ne fait aucun doute, cette vaste contrée sera un jour la propriété de l'Allemagne. Attendons-nous à ce tour d'escamotage.

La terre africaine, avant la Conférence, était la seule du globe sur laquelle nous pouvions nous étendre à l'aise sans nous heurter à d'autres; désormais nous devrons compter avec treize nations; chaque pas nouveau que nous ferons sur certaines parties de ce continent ne pourra être fait qu'avec leur assentiment. Voilà la situation aujourd'hui.

Cette Conférence de Berlin fut pour nous un désastreux évènement politique.

C'est cette Conférence qui a provoqué ce grand courant africain, qui fait que depuis elle, tous désirent et arrachent un lambeau de la terre Africaine, et notre grande faute a été de consentir à sa réunion.

C'est elle qui fut le point de départ de la curée dont tous les continents sont en ce moment l'objet, car à aucune époque on n'a tant pris, même indûment; jamais les convoitises n'ont été aussi accusées que depuis cette Conférence; enfin, avant elle, la France n'avait sur le globe qu'un adversaire colonial redoutable : l'Anglais; depuis cette Conférence elle en a un autre : l'Allemand !

Voilà ce que nous avons gagné à la Conférence de Berlin, en plus de ce qu'elle nous a fait perdre.

CONCLUSION

Veut-on notre opinion personnelle sur les causes qui nous ont fait consentir à cette Conférence, où nous avons été si abominablement dupés?

Reportons-nous en 1884, alors que la France, gravement engagée au Tonkin et à Madagascar, avait de plus, à lutter contre la malveillance anglaise.

Dans cette situation, nous devions redouter la plus petite complication en Europe.

A côté de nous une nation, l'Allemagne continentale, désirait depuis longtemps fonder une Allemagne coloniale, mais sans marine militaire assez forte, il lui était bien difficile de réaliser ce rêve sans la tolérance de la France, surtout, si nous eussions été d'accord sur ce point avec l'Angleterre.

Les procédés de cette dernière nation envers la nôtre, amenèrent une situation dont profita habilement M. de Bismarck.

Une transaction entre la France et l'Empire Germanique, qui se couvrit des différends africains survenus fort à propos et grossis avec intention, dût avoir lieu entre les deux nations.

A l'Allemagne, un permis de laisser faire et de tirer à son profit, en faveur de ses projets coloniaux, le meilleur parti possible de la situation; à la France, assurance de neutralité de la part de l'Allemagne dans ses démêlés avec la Chine et les Hovas et sa lutte contre les intrigues anglaises.

Il n'y a qu'une grande nécessité de notre part, qui puisse justifier notre participation à la Conférence de Berlin ; sans cela, ce serait une scélératesse que nous ne saurions trop flétrir.

Pour sauver le présent, on se préoccupa peu de l'avenir et pour se tirer d'une partie qui se jouait à des milliers de lieues de nous, on laissa compromettre les intérêts que nous avions à nos portes.

Mais si cette Conférence nous a été funeste par ses conséquences, quoiqu'elle ait pu nous être utile à un moment, l'Angleterre ne tardera pas à apercevoir ce qu'elle lui coûtera.

Il eût mieux valu pour cette nation qu'elle ne nous contreccarât pas dans nos visées sur certaines parties du globe et qu'elle ne nous forçât point, par ses déloyautés, à un accord momentané avec l'Empire Germanique, car de cet accord, est résulté une Allemagne coloniale, qui sera pour le commerce et l'industrie de la Grande-Bretagne, un concurrent plus redoutable et qui lui causera commercialement plus de préjudice que ne lui en eussent causé nos conquêtes, dont elle sait si habilement tirer parti. Deux ans nous séparent à peine de cette Conférence, que déjà l'Angleterre en est arrivée, non-seulement à se défendre sur ses propres marchés contre la concurrence Allemande, mais encore à lutter contre les empiètements de cette nation, qui se substitue effrontément à elle, partout où elle trouve utile à le faire pour ses intérêts.

Par rivalité et mesquinerie, la France et l'Angleterre ont été toutes deux dupes des évènements.

La Conférence de Berlin fut réunie contre elles.

Cette Conférence fut, pour M. de Bismarck, l'arme que lui fournit le hasard pour les neutraliser l'une par l'autre et qu'il utilisa ensuite, pour prendre à leurs dépens un rôle colonial qu'il lui eut été bien difficile d'occuper dans le cas d'union de ces deux puissances, et il pourrait arriver que l'Angleterre qui, par égoïsme, une première fois, à laissé se concentrer les peuples Allemands et par ses intrigues, leur a fourni l'occasion de s'épancher au dehors, alors qu'une entente entre nous et elle, en enfermant ces peuples chez eux, eût frappé au ventre le colosse germanique, blessure qui l'eût tué plus sûrement qu'une guerre, payât cher un jour tous ces évènements dont elle est cause. Mais, en attendant, comme cette nation a su se créer au Soudan une situation exceptionnelle en accaparant cette région, agissons de façon à parer aux dangers actuels qui nous menacent, tant à l'Ouest et à l'Est, qu'au Sud de l'Afrique Nord.

Que nous reste-t-il à faire?

La situation est très grave, ne nous le dissimulons pas.

De ce que nous allons faire, va dépendre notre avenir en Afrique et l'avenir du Soudan.

Notre colonie du Congo, ayant à sa tête l'homme qui l'a faite, reposons-nous sur lui avec confiance; il lui donnera le développement qu'elle est susceptible de prendre.

Le commerce de cette colonie est actuellement entre des mains anglaises et allemandes; à nos négociants de modifier cet état de choses.

Si nos commerçants ne se décident pas à entreprendre haut et ferme le commerce colonial, inutile alors que nos soldats aillent au loin se faire tuer pour acquérir des contrées où l'étranger seul trafiquera; inutile aussi à nos explorateurs d'aller, au prix de fatigues excessives, de misères de toutes sortes, chercher des pays neufs, pour qu'ils soient exploités par des Allemands et des Anglais.

Les soldats et les voyageurs font leur devoir en allant conquérir de nouveaux débouchés pour leur pays; aux négociants à faire le leur, en ne laissant pas stériles nos efforts.

Si nos articles sont trop luxueux pour le genre de commerce que l'on fait au Centre africain, mettons-nous à en fabriquer de plus ordinaires; est-ce donc si dificile de faire des fusils en bois blanc peint, des canons en tôle, comme en fait la Belgique?

Est-ce donc impossible de fournir, comme le fait Hambourg, cet affreux alcool blanc, appelé gin, et ce détestable rhum de traite, que cette place livre en de grosses bouteilles de 4 à 8 litres, recouvertes en osier, à chapeaux de couleur?

Ne pourrions-nous pas faire ces horribles cotonnades anglaises, qui, comme le disait un ministre, se déchirent rien qu'à les regarder, qui ne ressemblent à un tissu que quand elles ont été pressées, gommées, glacées, torturées de mille façons?

Et la poudre de traite, les verroteries, le tabac en feuilles, les coutelas, les conserves, les bières et liqueurs communes, la parfumerie et les savons de basse qualité, etc., etc.. Ne pourrait-on pas faire tout cela, ou trouver tout cela sur notre territoire?

Ce serait à douter de nous!

Avant de quitter le Congo, signalons encore à nos compatriotes une autre conséquence de la Conférence de Berlin :

La France a autorisé, par contrat, l'Etat-Libre du Congo à émettre, en sa faveur, dans notre pays, un emprunt le jour où il aura besoin d'argent.

Que des nécessités diplomatiques aient amené la France à consentir à cet arrangement, soit; mais nous, Français, individuellement, n'en tenons aucun compte et gardons notre argent.

Rappelons-nous que la Société africaine, d'où est sorti le royaume Africain de Léopold II, en ameutant l'Europe contre nous, à l'instigation de l'Allemand et de l'Anglais, s'est faite le servile instrument des projets ambitieux de l'un et de la haine que nous porte l'autre et si, un jour, ce royaume mort-né a besoin d'argent, que ce ne soit pas nous qui lui en donnions, qu'il aille en demander aux Allemands et aux Anglais.

Du côté de l'Algérie, jouons ferme des coudes et ne nous laissons pas enserrer. L'Allemand n'a pas encore le Maroc; ni l'Italien la Tripolitaine ; arrangeons-nous pour qu'ils ne les aient jamais.

Quant au Soudan, où nous menace le plus grand péril, agissons vigoureusement, et vite surtout.

L'Anglais envahit le Soudan Central. A tout prix, il faut l'arrêter dans sa marche en avant.

La France ne peut pas permettre que l'Angleterre devienne maîtresse unique du Soudan Central. Eh! ne voit-on pas, si un pareil fait s'accomplissait, que c'en serait fini de notre influence sur les populations Musulmanes Africaines?

Ne voit-on pas, si nous laissions la Grande Bretagne

s'établir sur les limites de notre Algérie et sur les flancs de notre Sénégal, que ce serait l'arrêt subit de l'expansion de celui-ci et l'investissement dans celle-là? que ce serait, de plus, la révolte perpétuelle, à l'instigation Anglaise, dans ces deux colonies ?

Que devons-nous faire pour parer aux dangers qui menacent nos intérêts?

Déclarer le protectorat français sur les contrées du Haut-Niger, sur les régions de Tombouctou.

L'Angleterre a bien pris celles du Bas et du Centre, sans y avoir aucun droit; la France peut bien s'emparer de celles du Haut, pour la propriété desquelles elle lutte depuis si longtemps.

A l'Anglais, les pieds et le ventre du Niger; à nous, la tête.

Le protectorat de notre nation sur ces contrées ne rencontrerait que peu d'obstacles de la part des indigènes; les chefs de Tombouctou, à plusieurs reprises ont, manifesté le désir d'entrer en relations avec nous; un de leurs ambassadeurs est même venu à Paris, tout récemment, en faire l'offre officielle.

Donnons-leur satisfaction et sûrement nous y trouverons notre compte.

Surtout agissons rapidement, et si nous manœuvrons bien, la France reprendra à nouveau sur la terre d'Afrique la grande place qu'a essayé de lui ravir la Conférence de Berlin.

A PROPOS

DES

FRONTIÈRES ALGÉRIENNES DU SUD

A PROPOS

DES

FRONTIÈRES ALGÉRIENNES DU SUD

Dernièrement, dans une publication importante " *La Revue scientifique* ", a paru une très savante étude de M. A. Le Chatelier, sur la question des frontières algériennes du sud.

De cette étude, je ne retiens que la conclusion qui est à peu près celle-ci :

L'Algérie est arrivée à ses frontières naturelles ; inutile que la France pénètre plus avant dans le Sahara, à moins que des avantages, justifiant le contraire, ne soient parfaitement démontrés.

Nous ne combattrons pas un à un les arguments qu'emploie cet écrivain pour justifier ses appréciations.

Les alliances politiques qu'il conseille, celles qu'il récuse, les dangers qu'il entrevoit d'un mouvement possible des peuples de l'Islam, nous laisserons tout cela de côté, pour prendre la question de plus haut et n'envisager que la lutte terrible, désormais engagée entre le grand producteur, l'homme civilisé, et le grand possesseur, l'homme primitif.

Cela ne fait aucun doute, celui-ci sera la proie de celui-là.

Parmi les continents encore les plus étrangers à toute civilisation, l'Afrique figure en première ligne ; aussi est-elle le but de tous les appétits, de toutes les convoitises, et aura-t-elle cessé, d'ici peu, d'être la terre mystérieuse.

Attaquée de tous les côtés, entamée par l'embouchure de ses fleuves, de ses rivières, cette immense partie du globe sera, d'ici quelques années, le domaine des hommes blancs.

Français, espagnols, anglais, allemands, italiens, portugais, tous se ruent, tous se lancent à l'assaut de cette terre vierge, car tous devinent et espèrent que c'est ce continent qui apportera un adoucissement aux crises économiques dont souffrent si cruellement les peuples civilisés.

Dans cette conviction, c'est une lutte entre les nations à qui prendra la meilleure place sur le sol africain et y occupera les points les mieux situés comme perspective de développement.

Cependant les chances de s'y établir sérieusement et de s'y étendre sont loin d'être égales pour les nations citées plus haut.

Les unes ne s'y développeront pas au-delà de ce qu'elles y possèdent ; d'autres ne sont appelées qu'à y prendre une importance relative. La France et l'Angleterre, seules, sont destinées à occuper sur cette terre, un rôle prépondérant.

L'Afrique nord surtout, sera l'enjeu de ces deux puissances : française ou anglaise, telle elle sera.

Elle peut être française, nos chances pour cela sont plus grandes que celles de nos voisins. Ne la tenons-nous pas déjà par deux côtés ; l'Algérie et la Sénégambie ?

Qu'avons-nous à faire alors ?

Achever ce que nous avons ébauché ; franchir le Sahara et relier à travers les terres, l'Algérie à la Sénégambie française.

Le plus gros de ce programme est déjà un fait accompli. Nos pointes hardies du côté du Sénégal, nous ont rendu maîtres, pour ainsi dire, des pays du Haut-Niger, et les voyages de nos explorateurs, nous ont préparé la route du désert presque jusqu'à Aïn-Çalah et c'est au moment ou nous touchons au but, que la France reviendrait en arrière ?

Mais si elle faisait cela, l'Allemagne, l'Italie et l'Angleterre en seraient ravies.

Que la France semble seulement indiquer qu'elle renonce à la grande œuvre d'annexion que ses sacrifices de tous genres l'autorisent à accomplir en Afrique et aussitôt l'Allemagne et l'Italie, à l'affût jusqu'ici du côté du Maroc et du côté de la Tripolitaine, dans l'incertitude où elles sont de ce que nous voulons faire, s'emparent de ces pays et s'avancent vers la région Saharienne, que les Anglais exploitent déjà du côté du Sous par ses comptoirs du cap Juby !

Que l'Angleterre ait la certitude de ne pas nous voir occuper le Soudan par l'Algérie reliée au Sénégal ! à elle alors tout le Soudan, qu'elle envahit à grands pas en ce moment, et à elle encore le Fouta-Djallon, sur lequel elle marche par la Rokelle et les Scarcies !

Que la France s'enferme dans son Algérie, et elle verra ce qui en résultera !

Sur quoi se base M. Le Chatelier pour engager la France à rester où elle en est dans la partie sud de l'Algérie?

Sur le peu de ressources qu'offrent le Sahara et le Soudan ; de là, le conseil de ne pas entreprendre un transsaharien qui serait une œuvre stérile.

Je n'ai pas l'honneur d'être connu de M. Le Chatelier, mais j'ai celui de connaître le Soudan, au moins en partie, et j'affirme que j'ai vu peu de contrées où la production soit plus variée et aussi abondante.

Pourtant, un homme pouvant se tromper dans ses appréciations et attribuer à tout une région ce qui n'appartient peut-être qu'aux points visités par lui, les avis de plusieurs sont nécessaires pour la détermination exacte d'un pays, pour fixer définitivement sur ses productions et sur l'avenir qu'il peut offrir.

Examinons donc ce que disent du Soudan les voyageurs qui l'ont parcouru dans tous les sens.

Clapperton, Barth, Baker, Rohlfs, sont unanimes à reconnaître la richesse de son sol, la variété de sa culture et de ses productions.

L'arbre à beurre, l'arbre à pain de singe, le coton, l'indigo, la cochenille, le mil, le tabac, le blé, le riz, les patates, le maïs, l'igname, le palmiste, le bananier, le cocotier, le figuier, le caféier, l'oranger, la canne à sucre, le citronnier, le caoutchouc, etc., y viennnent avec peu de travail.

Les bœufs, chèvres et moutons y abondent, ainsi que les poules, canards et dindes. Les chevaux y sont très nombreux et excellents.

On y trouve aussi le fer, le cuivre, le plomb, l'antimoine, l'argent, l'or, ainsi que de beaux quartz colorés.

Le sol, ajoutent ces voyageurs, est très propre à la colonisation européenne. Par suite de sa fertilité, les populations de ces régions sont très denses. Un grand nombre de villes ont de 20 à 30,000 âmes; celles de 6 à 7,000 ne se comptent pas.

Les voyageurs modernes dans les mêmes contrées, loin de désavouer les appréciations de leurs prédécesseurs, les confirment au contraire par celle-ci : les richesses de ces vastes territoires sont incalculables.

Sanctionnons enfin ces diverses appréciations, par celle qu'a émise une haute personnalité, M. le Général Faidherbe, dont la compétence et l'autorité font loi en pareil sujet : « Cette colonie, dit le Général, en parlant du Sénégal, doit être pour nous la porte du Soudan central; il y a là un capital que nous ne devons pas abandonner.

« Le tracé du chemin est déjà jalonné au prix de fatigues inouïes et de beaucoup d'argent dépensé. Le but vaut qu'on fasse tout pour l'atteindre et nous aurons ouvert au commerce de la France de vastes et riches régions. »

Nous voilà donc fixés sur la prétendue pauvreté du Soudan.

Ajoutons encore que le commerce français, dans la partie sud du Soudan, possédait en 1884, une trentaine de comptoirs échelonnés sur le Bas-Niger, et les Anglais autant. Que l'on se représente la quantité énorme de produits qu'une contrée doit donner pour alimenter soixante factoreries, et les maisons françaises du Bas-Niger ont quitté le pays, non parce qu'il était impuissant à rémunérer leurs capitaux, mais parce qu'elles durent s'éloigner devant la concurrence anglaise qui leur imposait trop de sacrifices.

Voilà ce Soudan qui ne produit que des esclaves et un peu d'or, ainsi qu'on l'affirme ; qui est assez productif cependant pour entretenir le commerce dans soixante comptoirs, qu'alimentent seules les populations riveraines du Niger, car celles de l'intérieur n'ayant aucun contact avec le blanc, laissent perdre ce qu'elles ne consomment pas. Et l'Européen n'est établi qu'à l'embouchure du fleuve, n'occupe commercialement que deux cents lieues du cours du Niger qui en a huit cents ! Et plus on remonte le fleuve et plus le pays est riche et producteur !

Relativement au Sahara, que M. Le Châtelier donne également comme très pauvre (dans les conditions actuelles peut-être où personne n'y travaille), citons le colonel Fulcrand *Atlas colonial*, de Bayla) pour avoir une idée de l'avenir qui attend cette immense région : -

« Le règne végétal, dit cet officier supérieur, y est largement représenté, principalement dans les oasis.

« On y trouve le blé, l'orge, le maïs, le sorgho ; des légumes, navets, carottes, pommes de terre, etc., ainsi que la vigne.

« Comme plantes industrielles : le tabac, le chanvre, le lin, les oléagineuses.

« Le coton y vient naturellement, l'alfa couvre une grande partie des terrains sablonneux du nord du Sahara.

« On doit aussi signaler, ajoute le colonel, l'existence de plantes tinctoriales, médicinales et odoriférantes. Les arbres fruitiers qui viennent à l'ombre des dattiers dans les oasis : orangers, figuiers, jujubiers, caroubiers, grenadiers, amandiers, pêchers, poiriers, pommiers, pruniers, pistachiers, nèfliers, goyaviers, cognassiers et surtout les abricotiers qui abondent.

« On y a planté des oliviers avec succès.

« D'après quelques essais heureux, on peut affirmer que l'eucalyptus, le mûrier, le saule et le peuplier peuvent venir sans soins le long des canaux d'irrigation.

« La richesse minérale du Sahara est très variée : le sel gemme, l'alun, le plâtre, de la chaux, du ciment, de l'argile, du salpêtre, du natron, des schistes bitumineux, des serpentines, des émeraudes, le sulfate d'antimoine, l'ambre gris etc... ».

Enfin, en parlant de Sahara occidental, le colonel dit ceci : « La partie sud, est considérée à bon droit comme une véritable dépendance de notre colonie du Sénégal. »

Donnons encore, à propos du Sahara, les témoignages suivants; ils ne seront pas de trop; quand il faut convaincre, on ne possède jamais assez de preuves : « Pour être fécondée, dit le général de Lacretelle, la terre a besoin d'eau et de soleil; partout où celui-ci se rencontre avec l'eau, ils produisent des merveilles. »

« Au début de la conquête, dit M. Onésime Reclus, on crût que la terre cultivable de l'Algérie s'arrêtait aux Monts de Blidah : on sait aujourd'hui que le steppe aura sa nation d'alfatiers et de laboureurs... et nous prévoyons que ce qu'on irriguera du désert deviendra le jardin de la France. »

L'opinion de l'écrivain de la revue scientifique, venant à l'encontre de celles des personnes que nous venons de citer paraît tout au moins risquée.

Sans doute, dans les conditions actuelles, le commerce du Sahara serait peu avantageux, vu les prix élevés des transports. Mais un transsaharien aurait précisément comme résultat de modifier cet état de choses, et la population qu'il jètterait dans la région saharienne, augmenterait dans des proportions impossibles à prévoir la production de cette contrée, à laquelle viendraient s'ajouter les richesses immenses du Soudan, ainsi que les éléments de trafic que nécessiterait le ravitaillement des agglomérations indigène et européenne du Sahara, et celui des trente millions de nègres du Soudan.

On ne veut pas de transsaharien français et la France doit s'enfermer dans son Algérie? Que la France fasse cela et en plus de la faute politique considérable qu'elle commettrait, j'emets ici cette affirmation, qu'avant dix ans il existera un transsaharien : seulement, au lieu d'être français, il sera anglais et peut-être bien allemand. Le premier reliera le lac Tchad au canal de Suez; l'autre, Tombouctou au Maroc.

Que la France ne prenne ni le Sahara, ni le Soudan, soit; mais alors que personne ne s'en empare.

Màis si ces contrées doivent tomber dans des mains européennes, ce ne peut être que dans les nôtres.

La France ne peut admettre que ses voisins actuels sur la terre africàine, les Marocains, les Tripolitains les Touaregs et les Soudanais, soient remplacés par des Allemands ou Espagnols, des Italiens et des Anglais :

C'est ce voisinage cependant que nous réserve l'avenir, si la France ne marche pas de l'avant sur la terre africaine; espérons ardemment qu'elle le comprendra et qu'au contraire, loin de se laisser enserrer en Afrique, elle saura enfin réparer le temps perdu et occuper sur cette terre, où sont ses véritables destinées, la grande place que désirent lui voir prendre bien des Français.

Edouard VIARD.

Paris, Imp. GUERIN et Cie, 26, rue des Petits-Carreaux